나는 너를 사랑하고야 말 것이다

나는 너를 사랑하고야 말 것이다

발 행 일 | 2019년 9월 23일
발 행 인 | 김재현
저　　자 | 이현필
편　　집 | 키아츠KIATS편집팀(책임편집 류명균)
디 자 인 | 박송화
펴 낸 곳 | 키아츠KIATS
주　　소 | 서울시 용산구 원효로 214-2 청운빌딩 3층
전　　화 | 02-766-2019
팩　　스 | 0505-116-2019
E-mail | kiats2019@gmail.com
ISBN | 979-11-6037-156-7 (02230)
Web | www.kiats.org

* 본 출판물의 저작권은 키아츠(KIATS)에 있습니다.
* 사전동의 없이 무단으로 복사 또는 전재하여 사용할 수 없습니다.

* 이 도서의 국립중앙도서관 출판예정도서목록(CIP)은 서지정보유통지원시스템 홈페이지(http://seoji.nl.go.kr)와 국가자료종합목록 구축시스템(http://kolis-net.nl.go.kr)에서 이용하실 수 있습니다. (CIP제어번호 : CIP2019036429)

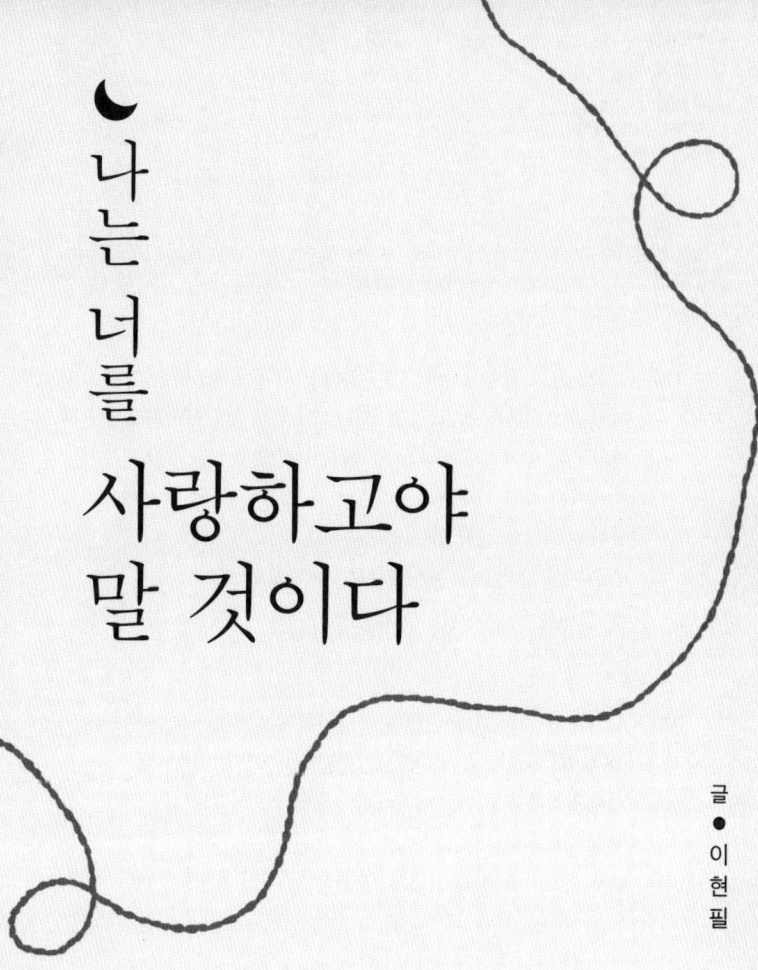

나는 너를
사랑하고야
말 것이다

글 ● 이현필

키아츠
KIATS

차례

1부 그리스도의 사랑이시여! ◆ 8 / 하나님 사랑에 사로잡힌 죄인 ◆ 10
사랑에는 이론이 필요 없습니다 ◆ 12 / 가난을 감사하나이다 ◆ 14
가난을 축복하소서 ◆ 16 / 무지에서 행복이 옵니다 ◆ 20
주님께서 가장 기뻐하시는 재물 ◆ 21 / 그리스도의 피 ◆ 24
사랑은 설명할 길이 없는 것 ◆ 26
예수 가장 큰 정죄, 가장 큰 사랑 ◆ 28 / 성화 ◆ 30
왜, 그이는 귀한 사람이 되었을까요? ◆ 32 / 돕는 배필 ◆ 34

2부 사람되는 것이 가장 위대한 일입니다 ◆ 40 / 작은 십자가 ◆ 42
참된 인격 ◆ 44 / 계명은 믿고 사랑하라는 것입니다 ◆ 47
인격 완성은 기쁨 ◆ 50 / 영혼까지 불붙어야 하겠습니다 ◆ 52
예수의 인격을 본받는 믿음 ◆ 54 / 인격 수양 ◆ 58
책임과 의무를 지킨 이에게 자격과 권리가 있습니다 ◆ 60

3부 나는 너를 사랑하고야 말 것이다 ◆ 64 / 그리스도의 사랑에 잠기라 ◆ 68
죄인 됨을 기억케 하소서 ◆ 69 / 참으로 하나님 권능을 믿고 ◆ 71
겨자씨 한 알 만한 믿음 ◆ 72 / 바른 믿음 ◆ 74
이미 받은 은혜를 간직하기 힘쓰십시오 ◆ 76
하나님을 믿으려고 힘써야 합니다 ◆ 78
예수 피로 씻어진 정결 행실 ◆ 80 / 죽도록 힘쓸 일 ◆ 82

4부 가장 위대한 일 ◆ 86 / 복종의 길 ◆ 90 / 절제의 생활 ◆ 92
배추 한 포기라도 ◆ 94 / 보혈을 소낙비같이 ◆ 96
채소 한 포기 푸르러 있는 것도 ◆ 98 / 믿음을 내세웁시다 ◆ 100
참 예배 ◆ 102 / 예수 피로 만든 예복 ◆ 104 / 너너한 구원 ◆ 107
성령의 인도 ◆ 108 / 참사랑 ◆ 110 / 가난과 무식과 비천 ◆ 112
오직 한 분만 따르게 하옵소서 ◆ 114 / 주께서 명령하셔야 ◆ 116
자복하게 하소서 ◆ 118

부록 동광원 성가 ◆ 122
에필로그_김재현
거칠지만 풋풋한 영성을 추구한 한국의 프란시스, 이현필 ◆ 124

1부

그리스도의 사랑이시여! / 하나님 사랑에 사로잡힌 죄인

사랑에는 이론이 필요 없습니다 / 가난을 감사하나이다

가난을 축복하소서 / 무지에서 행복이 옵니다

주님께서 가장 기뻐하시는 재물 / 그리스도의 피

사랑은 설명할 길이 없는 것 / 예수 가장 큰 정죄, 가장 큰 사랑

성화 / 왜, 그이는 귀한 사람이 되었을까요? / 돕는 배필

그리스도의 사랑이시여!

죄인을 불쌍히 여기시는
그리스도의 사랑이시여!
저를 돌보시고,
귀엽게 여겨 주시고,
사랑하시사 권고하실 이는
이 세상에서도, 오는 세상에서도,
땅에서도, 하늘에서도,
그리스도밖에 없습니다.

아! 절대적이신
그리스도의 사랑이시여!
저를 지옥 밑창까지 따라와
권면하시고, 훈계하시고,
이끌어 내주시는
그리스도의 사랑이시여!

생각할수록 감격하는 동시에
저 한 짓은 생각할수록 하염없습니다.
참으로 이 세상,
그리스도의 사랑이 아니었다면
저란 것이 그 무엇이었겠습니까.
생각할수록 신기하고 감사할 따름입니다.

참되신 그리스도의 사랑이시여!
의심할 수 없는 이 사실,
누구에게 감출 수 있겠습니까.
그럴 수 없으므로
이 작은 입으로 만방에
그리스도의 사랑을 자랑합니다.

그리스도의 구원은
확실하나이다.
모든 환난과 질고와 불행에서
능히 구해주시는
그리스도의 사랑이시여!

하나님 사랑에 사로잡힌 죄인

저는 하나님 사랑에 사로잡힌 죄인입니다.

사랑 때문에
죄에서 자유할 수 없습니다.
주님 사랑 때문에
벌을 자청할 수밖에 없습니다.
그 사랑 때문에
죄를 범하고는 견딜 수 없습니다.

매를 자청할 수밖에 없습니다.
공의의 채찍을 맞는 것이
죄짓는 괴로움보다 훨씬 상쾌하기 때문입니다.
중한 채찍을 맞아서라도
거짓 착한 체함을 벗어나고 싶어서
견딜 수가 없습니다.

형벌이 무서운 것 아닙니다.
죄를 범했다면
형벌이라도 받아야 시원할 것입니다.
처벌을 받아야만 도리어 시원스러울 것입니다.

저는 하나님의 사랑 때문에
어쩔 수 없이 사로잡힌 죄인입니다.

사랑에는 이론이 필요 없습니다

사랑에는 이론이 필요 없습니다.
복음에는 설명이 필요치 않습니다.
참에는 다른 증거가 필요치 않습니다.
태양을 설명하기 위해서는
태양 자체 외에 다른 것이 필요치 않습니다.

사랑을 증거하기 위해서 이론이 필요 없습니다.
사랑의 행위 그 자체를 보면 됩니다.
사랑을 받았다면
사랑의 빚을 갚으려 하지 않고는
견디지 못할 것입니다.

사랑은 사랑 이외의 것으로는
철저히 갚을 수 없습니다.

선한 사업의 공로가 사랑의 보답이 될 수 없습니다.
제 마음 오로지 바쳐 사랑하는 길밖에는
보답할 길이 없습니다.

죄는 사랑으로만 사함받습니다.
사랑은 사랑으로써만 보답할 길이 있습니다.
다른 방도는 없습니다.

주님을 사랑하는 이가
가난하지 않을 수 없을 것입니다.
주님은 가난하셨기 때문입니다.
가난 이외의 것으로
주님을 사랑할 수가 없기 때문입니다.

주님을 위해서라면
어떠한 고독도, 슬픔도, 모욕도, 괴로운 처지도
오히려 가볍게 여길 것입니다.

가난을 감사하나이다

가난을 감사하나이다.
가난의 자유여!

아! 얼마나 가벼운 짐입니까?
헛된 기쁨을 누리지 않게 되는
이 자유로운 시간,
헛된 인사를 주고받지 않는
이 행복!

깊이깊이
인생의 밑바닥까지
가치를 들추어 볼 수 있는
이 가난함의 복이여!
참말 복되도다.

물질에 가난할 때 덕에 부하겠나이다.
가난에는 자유가 속박을 당합니다.
육체의 자유가 없어지지만,
참 양심의 자유가 옵니다.

세상 사물에 가난해지면
믿음에 부해지나이다.
세상에서 가난해지면
천국에서 무한으로 부해지나이다.

축복받은 이만 아는 이 복이여!
그렇지 않다 하는 이 없으리로다.
가난은 천국이요,
참으로 천국은 가난한 마음의 소유입니다.

가난을 축복하소서

천국이 가난한 이의 것이라고
거짓말하실 줄 모르는 이의 입으로 축복하신 가난이여!
영원히 제게서 물러가지 마십시오.
가난이시여, 자나 깨나 저를 앞뒤로 둘러 계시옵소서.

가난을 축복하소서.
못난 저에게 가난만은 축복해 주옵소서.
가난을 싫어하는 이들에게 찾아가는 가난은
학대와 저주를 받나이다.
가난을 간구하는 이에게 오소서.

서릿발 치는 부함의 노여움이여,
견딜 수가 없습니다.
가난은 저의 축복으로 오시고,
부는 저를 저주하고 떠나소서.
부에게 저주를 원하고, 부와 짝하는 것 싫습니다.

좀 더 가난케 하소서.
말도 못 하도록
가난케 해주소서.
병들어 일어나지 못하도록
가난케 해주소서.
아무에게도 큰소리 못 치도록
가난케 해주옵소서.

참 가난해지면
참 지혜도 따라오겠나이다.
참말 좋은 행복이 따라들겠나이다.
참 부유함이
저를 감싸주겠나이다.
참 하늘의 지식이
제게 머물겠나이다.

병은 가난의 식구일 것입니다.
참말 병은 제 영혼의 좋은 반려자입니다.
심심하지 않게 인생행로를 같이 걸어주는
육신의 병이여,
내 일찍 그대 가치를 알았던들
왜 병을 두려워했겠나이까?
저주인 줄 알았으며 마귀의 사자인 줄 알았기에
영접하고 대접할 줄을 몰랐나이다.

모멸도 가난의 식구입니다.
가난하면 모멸이 축복으로 오시나이다.
멸시가 싫어서 울던 시절, 애타던 시기,
참말 모멸의 행복을 전혀 몰랐었기로
모멸을 피하려고 거짓 얌전한 체까지 했었나이다.
모멸의 중대함을 알았다면
가난하고 무식한 처소에 가 서서 기다렸으련만,
전혀 모른 소리로 모멸이 지나갈 처소는
피해 달아나던 저입니다.
거짓 존귀와 대접보다
차라리 투명한 멸시가 더 귀하나이다.

깊도다, 하나님의 지혜와 지식의 부요함이여.
그렇지 않다고 하는 이 없으리로다.
참말로 이 세상에서 멸시받도록
이 세상 지식과 지혜와 물질과 권세와 존귀와
모든 곳에서
완전히 가난해지도록 축복하옵소서.

제가 참으로 가난해지고,
주님에게서 부를 발견케 하옵소서.
세상에서는 비참하고
천국에서 영광 얻게 하옵소서.

이 세상에서는 아무 권리가 없으나
천국을 상속하니
유권자가 되게 복을 비소서.

무지에서 행복이 옵니다

사람들은 아는 것이 힘이요,
무지가 가난보다 더한 불행이라고 알고 있습니다만,
저는 모름에서 행복이 옵니다.

지식이 없으므로,
하나님 아는 일에만 관심을 갖습니다.
성삼위만을 알아 뵈옵고 싶어집니다.

아는 것이 없는 소치로
다른 데 취미 붙일 데가 없어
하는 수 없어 주님께 울부짖는 행복이여,
참 감사할 따름이로소이다.

주님께서 가장 기뻐하시는 재물

회개는 주님께서 가장 기뻐하시는 재물이십니다.
참 회개 없이도 선을 행할 수 있으나
그것은 참으로
주님을 기쁘시게 하는 행위는 못 될 것입니다.

믿고 회개해야
참 선한 행위가 되어질 것이요,
뉘우침 없는 선한 행위는
제아무리 커도 진정한 선행은 아닙니다.
뉘우치고 구속을 아는 생활이라야
선이라 할 수 있습니다.

구속의 성은聖恩을 알지 못하고는
진정한 열심에서 주님을 사랑하지 못할 것입니다.
주님을 사랑하지 않고서
주님의 나라를 구할 수 없을 것입니다.

주님!
열렬히 아버지만 흠모하고 공경하게 해주옵소서.
천하 없는 학문을 가졌기로
사랑이 없으면 무엇하겠습니까.
별별 이적기사를 나타낸다고 해도
진정한 사랑 없으면 무슨 유익이 있겠습니까.
별별 선한 행적으로 일관한다고 해도
주님의 사랑을 모르면 일호의 가치도 없겠나이다.

저로 주님 구속의 은총을 깨달아
만유 위에 주님만 사랑케 해주시고,
주님 사랑 때문에 도취케 하시사
열광적으로 주님이 바라시는 뜻을 실행하기 원합니다.

저 하나 바르게 회개하고 주님 기쁘시게 하는 것이
온 하늘을 기쁘게 하는 일이 되겠습니다.
진정한 회개, 생명 얻은 회개가 시작되기를
간절히 소원하옵나이다.

주님을 사랑하는 마음에서
주님을 기쁘시게 하고파 하며,
주님을 영화롭게 하고파 하게 해주옵소서.

가장 기뻐하시는 뜻을 채우고 싶은 소원을 주옵소서.
의義도, 선善도,
주님 가장 사랑하는 심정에서만 하게 해주옵소서.
사람을 사랑해도
주님을 열절烈節히 사랑하는 사랑에서
사랑케 해주옵소서.
회개 없으면 재산은 무익합니다.
회개만 제일 선결 문제입니다.
진정한 회개 없으면
재산도, 명예도, 학식도, 신한 행위도
허사입니다.

누구든지 훌륭한 인간이 되고 싶다면
주님을 일찍부터 믿지 못한 것을 한스러워 할 것입니다.
사람다운 사람이 되는 길은
오직 이 길만이 있기 때문입니다.

그리스도의 피

그리스도 안에 충만한 것은
신앙, 사랑, 소망입니다.

화목을 주십니다.
하나님과 화목하게 하사
거룩하고,
흠 없고,
책망할 것이 없는 이로 세우셨습니다.

그리스도의 피로
하나님과 우리 사이의 담을 허셨습니다.
의문에 속한 계명의 율법이란
인간적인 노력입니다.

예수의 피 안에 들어가야 거룩해집니다.
그 피가 죄가 해결한다는 신앙에서 흔들리지 말아야 합니다.

복음은 하나님의 편지입니다.
예수를 받아들이면 삽니다.
복음의 소망,
영원한 소망,
떠나서는 안 될 소망입니다.
과학의 소망은 부정되어야 할 소망입니다.

예수의 피로 삽니다.
예수의 피만이
우리 모든 문제를 풀어 주십니다.
그 밖의 모든 것의 기초는 흔들립니다.

사랑은 설명할 길이 없는 것

사랑은 신비한 것,
설명할 길이 없는 것,
있다면
십자가 그것입니다.

사랑이란
무조건 그 예수님을 믿음이요,
사랑함입니다.

설명이 없습니다.
사랑이요,
믿음이요,
행복이요,
평강이요,
평화입니다.

그 사랑의 님을 사랑함이
곧 행복이요,
그 사랑의 님을 의지함이
영생이요,
그 사랑의 님에게 자기를 바침이
부활이요,
천국입니다.

그 사랑의 님을 사랑함이
곧 사랑의 완성입니다.

예수 가장 큰 정죄, 가장 큰 사랑

예수만큼
죄 정定한 이 없고,
예수만큼
위로와 평안,
죄 사함 주고
성인 되도록
성화聖化하시는 이 없습니다.

예수께로 돌아가고,
예수를 의지하고,
예수께 순종하면
성인 하나님 아들 되며,

예수 믿지 않고,
예수께로 돌아가지 않으면
멸망 받습니다.

그는 제일 큰 사랑이기에
가장 큰 죄를 드러내셨고,
그는 제일 큰 사랑이기에
사형을 대신 당하시고,
그는 제일 큰 사랑이기에
정죄定罪하시고, 용서하셨습니다.

우리는 그의 인격의 기준에 비추어
정죄 받고,
우리는 그의 사랑에 의하여
죄 사함 얻습니다.

정죄 받은 두려움과 괴로움을 안고
울 것이 아니라,
그의 사랑 안에 돌아가는 것만이 남아있습니다.
정죄하시고, 죄 사함 주시는 그에게 돌아가
그 사랑 안에 숨어
죄 사함 얻고,
평안함을 얻을 것입니다.

성화

사람이 조알(조의 열매의 낱개)을 심어
조의 줄기대를 얻자고 심은 것이 아니요,
그 조알을 얻자고 심은 것이니,
조알은 조알이라는 답이 나옵니다.

농부의 목적이
조알을 심어 조알을 얻자는 것이라면,
그 조알의 줄기는
지나가는 과정을 구경하는 것입니다.

천주의 영혼의 농사에서도
영혼을 심어 육신을 얻자 함이 아니요,
다시 빛난 영혼을 얻으심이 목적입니다.

그 육신은
그 영혼이 영글 동안 지나가는 과정이며,
서속黍粟(기장과 조) 농사에서 줄기대 같은
과정에 나타난 현상입니다.

수수를 심어놓고,
그 수수알이 영글기를 기다림이
사람의 뜻이며,

사람을 낳아놓고,
그 영혼이 성화 되기를 기다림이
천의天意, 즉 하늘의 뜻입니다.

왜, 그이는 귀한 사람이 되었을까요?

그리스도는 왜, 귀한 하나님의 아들이 되었을까요?
그는 하나님의 뜻에 순종하였습니다.
그는 하나님의 뜻을 위하여
십자가에 죽기까지 순종하였습니다.
그는 진리의 사랑을 인간의 몸으로 나타내셨습니다.

그는 인류, 곧 나를 위하여
못 박히시고,
못 먹으시고,
못 입으시고,
못 주무셨습니다.

인류, 곧 나 대신 죽으시고,
대신 걱정하시고,
대신 고난을 당하시고,
대신 피가 다 하도록 죽어간

그 정비례로 귀해진
천자天子요, 인자人子였습니다.

그렇다면 나는 어떻게 하면 귀해질까요?
그이가 나를 위하여 사랑을 주신 것 같이
남을 사랑하면,
그 정비례로 귀해지는 것이
천국의 법칙입니다.
그 진리는 시종일관입니다.

고로 그이를 본받아 믿고,
순종하고 죽으면,
형제를 위하여 죽으면,
삽니다.

돕는 배필

돕는 것은 희생입니다.
주는 것입니다.
자기를 부정함입니다.

아무런 바람도
후회도 없이
희생되어 줌입니다.
이해타산 없이
무조건 녹아남으로
행복을 거두는 것입니다.

영혼의 기쁨을 위하여
육신이 점점이 희생되어 녹아남입니다.
그를 일러 아가페,
혹 진리의 사랑이라 합니다.

유혹이란
모양은 꼭 돕는 형태로 나타나면서도
실상은 자기 유익을 위하여 돕는 척 나타나는
거짓 사랑입니다.

돕는 것이 나를 희생하는 일이라면
유혹은 나를 위하여 남을 희생시키는 일입니다.
돕는 것이 줌이라면
유혹은 많이 뺏기 위하여 적게 줍니다.
돕는 것이 자신을 부정하는 것이라면
유혹은 타인을 부정함을 일로 합니다.

돕는 것이 유혹을 바라지 않는 무조건 희생이라면
유혹은 자기 유익을 위한 수단적 희생입니다.
돕는 것이 이해타산 없이
무조건 녹아나는 것을 영적 행복으로 안다면
유혹은 이익을 목적 삼고,
절대 유익을 조건으로 하고,
유익을 얻음으로만 육적 행복으로 아는 것입니다.

돕는 것과 유혹은 꼭 모양도 같고,
그 눈짓도, 그 말도, 그 희생도 같으면서도
그 목적이 양극兩極입니다.

하나가 영적이라면,
다른 하나는 육적입니다.
하나가 절대 희생이라면
다른 하나는 절대 유익을 목적으로 합니다.

첫째 아담은 유혹을 당한 사람이요,
유혹을 한 아담이요,
그는 육욕을 위하여 영을 희생한 사람이요,
육정을 위하여 영혼을 십자가에 못 박은 사람이요,
사망을 당한 사람이었습니다.

둘째 아담은 돕는 아담이요,
꼭 참사랑의 빚만 진 사람이요,
자기 속에 참사랑뿐이요,
그는 영혼을 위하여 육을 희생한 사람이요,
영혼을 위하여 육을 십자가에 죽인 사람이요,
부활한 사람이었습니다.

첫째 아담은 죽이는 아담이요,
둘째 아담은 살리는 아담입니다.
하나는 사망의 길이요,
다른 하나는 생명의 길입니다.
하나는 육을 살리려다가 육도, 영도 죽인 길이요,
다른 하나는 영을 살리기 위하여 육을 죽임으로
영도, 육도 살리는 길이었습니다.

참사랑은 예수님같이
꼭 영과 육을 돕는 사랑이요,
거짓 사랑은 하와 같이
꼭 육을 돕는 사랑이요,
꼭 육을 위해서만 하는 사랑이요,
반드시 이득을 위한 사랑입니다.

2부

사람되는 것이 가장 위대한 일입니다 / 작은 십자가

참된 인격 / 계명은 믿고 사랑하라는 것입니다

인격 완성은 기쁨 / 영혼까지 불붙어야 하겠습니다

예수의 인격을 본받는 믿음 / 인격 수양

책임과 의무를 지킬 이에게 자격과 권리가 있습니다

사람되는 것이 가장 위대한 일입니다

사람 되는 것이 가장 위대한 일입니다.
자기 하나, 사람 되는 것이 위대합니다.

시작부터 알아야 하겠습니다.
가까운 것, 사람 되는 것
굉장한 것 아닙니다.

사람 되는 것 어디서 찾는가요.
자기 안에서 찾아야 합니다.
자기가 사람 되려고 해야지 남이 사람 못 만듭니다.
기계로 못 합니다.
사람 못 되게 하는 것, 자기 마음입니다.
그것 핑계할 수 없습니다.

사람 되면
자기 좋고, 다른 사람 좋습니다.
사람 못되면
자기 불행이요, 다른 사람 불행합니다.
악을 행한 각 사람에게 환난과 곤고가 있으리니
달아나도 하늘에나 바다에도 피할 길이 없습니다.

사람 되면
그 사람 된 자체가 좋습니다.
그것은 평안합니다.
존경도 있습니다.
썩지 않음이 거기만 있습니다.
복은 자기에게 있습니다.

자기 몸, 성품을 다스려야 하겠습니다.
천하를 얻어도 성품 못 다스리면 쓸데없습니다.
사람 되어 좋으면 승리 개가를 부르겠습니다.

작은 십자가

하나님께서 나 하나를 귀하게 생각하십니다.
예수께서 나 자신 구하러 오셨습니다.
나 하나를 위해서 십자가 지셨으므로
나와 십자가는 가깝습니다.
나 하나를 위해서 십자가 지셨다 할 때
맞설 수 있습니다.

우리는 날마다 주님의 은혜로,
참아도 은혜로 참으면 기쁘겠습니다.
겸손해도 주의 은혜로 겸손하면 기쁘겠습니다.
오늘도 주의 일 맡기셔서
어떤 사람에게는 겸손을 맡기시고,
참는 일, 거짓 않는 일, 각각 처지대로 맡기셨습니다.

내 욕심 참는 것도 작은 십자가,
혈기 참는 것도 작은 십자가,
다른 사람 멸시 않는 것도 작은 십자가입니다.

진실로 바라고,
배우고,
최후까지 하는 것이 성공입니다.
완전을 사모하고,
희망을 바라보고 나아가야 합니다.

참된 인격

참된 인격이란
예수님을 가리킵니다.

예수님처럼 너그럽고,
누구나 사랑하며,
예수님같이 하나님 아버지만 신뢰하고,
변치 않는 사람이 되는 것입니다.

아무런 풍파를 만나도,
아무리 혹독한 형벌을 만나도,
아무리 어려운 일을 만나도,
조금도 마음과 태도에 요동이 없습니다.

참된 인격을 생각지 못하는 생활은
진실로 헛되고,
아깝고,
가련한 것입니다.

각각 자기의 무엇보다
귀하고 보배스런 인격을
날마다 생각하고 배양할 것입니다.
그것이 수양입니다.

수양이란 공부가 아닙니다.
인격의 실력을 얻는 일입니다.
모든 일에 굳센 의지와 밝은 이성을 가지고
사리를 판단 처리하며

순수한 정서로
누구에게나 자비를 베풀며
가장 공정하게 대하여
편벽이나 이그러짐이 없도록 하는 수련입니다.

이 연습을
날마다, 시간마다,
대하는 사람마다, 일마다,
모든 물건까지 나타내서 쓰는 연습이니
함부로 지내심이 없으시길 원합니다.

양철통 하나 두는 것도
수양하는 이가 두는 것은 달라야 합니다.
흙 위에 그냥 두거나
밤이슬 맞는 곳에 두지 않습니다.
못 한 개, 흙덩어리 하나
제자리에 놓아주는 이가 됩니다.

계명은 믿고 사랑하라는 것입니다

계명은
믿고 사랑하라는 것입니다.

하나님께서 나를 참으로 사랑하시는 것을 믿는 것,
이것이 하나님을 사랑하는 것입니다.
이것이 계명입니다.

하나님이 자기를 사랑하시는 줄을 믿으면
다른 이를 사랑할 수 있습니다.
하나님이 저를 사랑하시는 줄 알고 믿으면
구제할 수 있습니다.

걱정 있는 것은
사랑하시는 것을 모르기 때문입니다.
계명을 안 지키니까 두려움이 있고,
심판이 있을 것입니다.

하나님을 안 섬기면
하나님 외의 모든 것이 우상입니다.
모든 것을 하나님보다 사랑하면
우상입니다.
우상 섬기면 멸망과 불행뿐입니다.

하나님을 믿고 사랑하십시오.
천지 만물을 봐서요.
천지 만물은 하나님의 사랑의 표현입니다.

자신을 봐서도 믿고 의지하십시오.
자신은 죄인이고 약하니까요.

하나님의 계명은
하나님이 나를 사랑하시는 것을 믿고
서로 사랑하라는 것입니다.

오늘 이때부터 믿으면
내년 이때는 아주 달라집니다.
믿으면 변화됩니다.

인격 완성은 기쁨

율법의 계명은
하나님께서 보내신 예수를 믿고
서로 사랑하라는 것입니다.

그 계명 지키면 행복합니다.
그 계명 무시하면 불행합니다.
지키면 병든 것이나 가난한 것이나
무식하고 천해서 무시당해도 행복합니다.

포도나무 가지처럼 붙어있으면
진액이 나와 열매 맺힙니다.
하나님께 받은 것을 생각하고서
모든 것,
몸도, 재주도 하나님께 받았으니
하나님께 바치면 더욱 큰 복 주십니다.

이 세상 이치는 신령한 이치와 같습니다.
사람을 옳은 것으로 인도하시려고 지으셨습니다.

공기도 들이마시고 또 내놓아야 하며,
비도 물도 하나님께서 주셨다가
또 햇볕으로 끌어 올렸다가
다시 깨끗한 비로 주셔서 만물이 삽니다.

위에서 주시면 생명이 자랍니다.
한 번 받았다고 그대로 가두어 두면 썩어버립니다.
바치는 것은 사는 것입니다.
물질뿐 아니라 의義와 인仁과 신信도 바쳐야 합니다.

인격 완성은 기쁨입니다.
하나님께서 기뻐하십니다.
도리를 행할 때
의와 인과 신을 이행하고 지킬 때
행복합니다.

영혼까지 불붙어야 하겠습니다

육신은 옷 입고 먹이나,
영혼은 먹이고 입히지 못합니다.
열심을 길게 안 갖고 없어집니다.

영혼까지 불붙어야 하겠습니다.
영혼 먹이고 입히지 않으면 소용없습니다.
감정으로만 기쁠 것 아니라
심령이 불붙어야 하겠습니다.
오순절 다락방에서처럼 성령의 불붙으면
큰일하고 나라 구원하겠습니다.

우리가 하나님 사랑하는 것이 아니라,
하나님이 우리 사랑하심으로 귀합니다.

사람은 영원히 행복하기 위하여 창조되었는데
잘못 쓰기 때문에 불행 속에 빠져 죽습니다.

열심 났을 때 영혼이 불탈 것 같으면
자기가 활발하고,
자유하고 행복하며,
구원 있겠습니다.
육신만 생각하고,
먹이고, 입히면 멸망할 것입니다.

영혼을 사랑할 것 같으면 살 것이며,
육신만 사랑할 것 같으면 멸망할 것입니다.
영혼이 가련한 것을 발견해서
먹이고 입혀야 할 것입니다.

육신만 열심 내지 말고,
육신 생각의 말을 다 듣지 말고
영혼이 살아야겠습니다.

예수의 인격을 본받는 믿음

믿는 목적은
예수님의 인격을 본받는 것입니다.

가장 고상하고 훌륭한 인격은
예수님의 인격밖에 없습니다.
흠도 없고 티도 없으신
아름답고 완전한 고결한 인격입니다.

인격을 잃으면 심히 불행합니다.
자기의 책임을 모르는 까닭입니다.
자기의 책임을 잊어버리면 인격을 잃습니다.
말이나 행동이나 자기의 한 것에
책임을 지고 기억하여
자기가 한 일은 꼭 자기가 책임을 져야 합니다.

오이 한 폭을 심었어도
자기가 끝까지 책임을 지고 가꾸어야 하는 것처럼
범사에 그렇습니다.

대개는 말을 해 놓고는 잊어버립니다.
그것은 책임 없는 것입니다.
자기가 해 놓은 일도 그냥 귀찮으면 버려둡니다.
그것은 책임 모른 짓입니다.
그것은 인격 상실입니다.

예수님께서는 한 말씀, 한 행동에
전세계적인 책임을 느끼셨습니다.
수천 년 가도 그 말씀은 사라지지 않습니다.
그 이유는 책임 있으신 말씀이어서 그렇습니다.
그 말씀이 참이라고 증거하시기 위해서는
죽음도 가리지 않으셨습니다.

바울 사도께서도 완전한 인격을 닮으셨습니다.
당신의 말씀과 행동에 큰 책임을 느끼셨습니다.
전세계 인류를 구원하실 책임입니다.
그래서 환난이나, 곤고나,
기근이나, 적신이나,
이제 일이나, 장차 일에나,
높음이나, 깊음이나,
생명이나, 사망이나,
이 인격을 헐 수 없습니다.
그러한 인격이시기 때문에
동족, 골육, 친척을 위해서 크게 애통하셨습니다.

그런 인격을 갖추기 전에는
다른 사람을 위해서 일을 못 합니다.
자기가 흔들리는 동안
다른 사람의 해가 되기 때문입니다.
사랑이 아니라 이기주의입니다.
자기 이익을 구하고
다른 사람 이익을 위해서 일하지 않습니다.

아무리 험한 환경이나 아무리 좋은 곳에서도
하나님의 사랑에 대한 감사가 변함없는 마음,
모든 환경을 극복하고도 남는 마음이 중요합니다.

예수님은 변치 않는 인격으로
세계를 구원하시기 위하여
한 말씀
한 행동을 하셨습니다.

틀림없으신,
억천만년 가도
변치 않으시는
그리스도의 인격과 그 신격을 믿고
의심 없이 나아가심 바랍니다.

인격 수양

자기의 한 일과 한 말이
나쁜 영향을 주지 않고
유익을 끼치도록 힘쓰는 것이
인격 수양입니다.

자기 때문에
얼마나 해를 끼치고 있는지를 알아서
거기에 대한 반성이 있고,

얼마나 좋은 영향을 일으키는지를 알아서
그 행동과 말을 더 선히 하려는 마음이
책임을 아는 마음입니다.

정당한 사람은
자기의 하는 짓을 착실히 살펴서

해를 안 주고
유익만을 끼치려고 노력합니다.

그 사람은 늘 하나님께 기도합니다.
하나님을 의지합니다.
하나님께만 소망을 둡니다.
하나님께서 도우심으로
유익 주는 일 할 수 있는 줄을 잘 알기 때문입니다.

그 사람은 하나님께서 붙드십니다.
하나님께 축복을 받습니다.
하나님의 사람이 됩니다.

인격은 위대한 것입니다.
그런데 우리는 인격의 가치를 몰라서 탈입니다.
큰 집회보다 한 사람의 인격 개조가 더 큰 일입니다.

책임과 의무를 지킨 이에게
자격과 권리가 있습니다

만물을 애호하는 것은 사람 된 책임입니다.
어린이를 애호하는 것은 어른의 책임입니다.
무식한 이들 가르치는 것은 아는 이의 책임입니다.
그 책임 안 하면 자격 없습니다.
어른 된 자격, 선생 된 자격 없습니다.

의무를 못 하면, 생명과 행복을 누릴 권리를 박탈당하고
행복을 누릴 권리가 없습니다.
하나님께 대한 의무를 모르면 영생을 모릅니다.

눈 성한 이는 눈 나쁜 이에 대한 책임이 있습니다.
눈 나쁜 이는 눈 성한 이에게 순종할 의무가 있습니다.
부모는 자식을 기를 책임이 있고,
자녀는 순종할 의무가 있습니다.

부모는 자식을 잘 가르쳤을 때
봉양 받을 자격이 있습니다.

누구나
어디서나
무슨 일이고
자기 책임,
자기 의무만 있습니다.

병들었든지 성했든지
유식하든지 무식하든지 간에
다 있습니다.

그 책임,
그 의무를 못 하면
사람 된 자격,
즉 인격이 안 섭니다.

책임과 의무를 자기 스스로 충실히 지킨 이에게
자격과 권리가 있습니다.

3부

나는 너를 사랑하고야 말 것이다 / 그리스도의 사랑에 잠기라

죄인 됨을 기억케 하소서 / 참으로 하나님 권능을 믿고

겨자씨 한 알 만한 믿음 / 바른 믿음

이미 받은 은혜를 간직하기 힘쓰십시오

하나님을 믿으려고 힘써야 합니다

예수 피로 씻어진 정결 행실 / 죽도록 힘쓸 일

나는 너를 사랑하고야 말 것이다

온 시내가 예수를 만나려고 나가서 보고 그 지방에서 떠나시기를 간구하더라 마 8:34

나는 너를 찾아
구비구비 멀고 먼 길을 걸어,
아! 나는 너를 찾아
내 마음 가시 되도록,
내 몸이 거지 되도록
나는 너를 이토록 찾아왔단다.

찌르는 가시 소낙비,
폭풍창파의 위험,
그 무서운 얼음 바다를 걸어
누더기 속에 감추어 있는
행복을 전하자고 찾아왔노라.

그런데 너는
나를 모른다고 거절함이 웬일이냐?
너는 나를 무서워서 쫓아내는구나.
그리 두려우냐?
그리 떨리냐?

아! 그런데 너는 여왕이 되었구나.
머리에는 달을 쓰고
네 옷자락은 밤하늘의 별이로구나.
자칭 밤나라의 여왕이라고 부르는
네 이름은 정욕이더냐?

너는 나를 쫓아내고 성문을 잠그고야 말려느냐?
이 행복은 네게 가시가 되느냐?
나는 너를 찾아 영생을 주려고 이처럼 찾아왔건만
정욕아, 과연 네게 찔림이 되느냐?
내가 너를 보기만 해도 기절을 하는구나.
이다지 너를 사랑하고프건만,
사랑을 하면 너는 절망을 하는구나.

네 주검을 장사하는 내 마음인들
아프지 않으랴?
너는 말하기를 사랑이라면서
왜 나를 죽이느냐고 발을 구르며 우는구나.

그러나 나는 너를 사랑하고야 말 것이다.
나는 네 설움을 들으면서,
발버둥치는 호소를 들으면서,
낙엽같이 떨어지는 네 죽음을 보면서,
네 시체를 매장하면서,
나는 너를 사랑하고야 말 것이니,
나의 심장인들 아프지 않으랴?

내 생명이 죽어 끊어지면서,
네 죽음을 내가 또한 들으면서,
나는 너를 사랑하고야 말 것이다.

아,
안타까울사,
너는 사형을 당하고야 말 정욕이었느니라.

봄,
생명 피어나는 내 청춘을 왜 짓밟느냐고
설워설워하면서 절명을 하였구나.

그러나 내 피와 살을 먹고 마실 때에
나는 너를 영원히 사랑할 것이며
너는 나를 영원히 사랑할 것이다.

그리스도의 사랑에 잠기라

그리스도의 사랑에 접촉해야만 합니다.
접촉이 없는 한
아무리 설명을 들어도
시원치 않습니다.
물속에 잠기듯
사랑에 잠겨야 합니다.
그것이 믿는 일입니다.

금식하고 절제하는 것도
그 사랑에 감격되어서 해야지요.
고생도 사랑에 못 이겨서이고,
사치를 안 하는 것도 그렇고,
정욕을 떠나는 것도 그렇습니다.
그 은혜에 감격되어 되는 일이고,
그 사랑에 끌리는 것 아니면 모두가 억지 짓입니다.

죄인 됨을 기억케 하소서

저로 하여금
항상
죄인 됨을 기억하게 하옵소서.

죄인 된 것 깨닫는 시간,
제게 가장 행복한 것은
구주가 가까워지는 까닭입니다.

주여,
항상
저의 약함을 깨닫는 시간이
가장 복된 것은
크신 권능이 물밀듯이 찾아오기 때문입니다.

이 험악한 세대에
이 두 가지 위로가 제 자랑이 되나이다.

주님 권능만 믿고 바라게 하소서.
주님의 은사만 알게 하소서.
주님 이름으로 들으소서.

아멘.

참으로 하나님 권능을 믿고

참으로
하나님 권능 믿고,
그 자비 완전히 의지하고,
그의 뜻대로 살고,
그의 목적만 앙망해야 합니다.

자기 힘으로 하려 말고,
자기 좋은 것 포기하고,
자기 목적 이루려 말고,
하나님이 내게 행하신 뜻이 크고 신하시니
우리에게 부족이 없습니다.

겨자씨 한 알 만한 믿음

> 이르시되 너희 믿음이 작은 까닭이니라 진실로 너희에게 이르노니 만일 너희에게 믿음이 겨자씨 한 알 만큼만 있어도 이 산을 명하여 여기서 저기로 옮겨지라 하면 옮겨질 것이요 또 너희가 못 할 것이 없으리라 마 17:20

제자들에게 겨자씨 한 알 만한 믿음이 없었습니다.
서로 높고자 하고, 믿는 줄만 알았습니다.
순전한 믿음은 겨자씨 한 알 만큼도 없어서
외식과 욕심으로 삽니다.

소금은 작아도 짜서 소금의 가치를 하고,
빛은 어디로 가는지 빛의 직분을 하고,
종자는 물에 담그면 싹이 돋아 나는 것,
이것이 참이 아닐까요.
참 믿음은 그와 마찬가지입니다.

어떻게 하여야 바로 되어질까요?
바로 보아지고,
바로 들어지고,
바로 믿어져서
바로 나아가야 합니다.

모르는 것조차 모르는 것은
어두운 깊은 함정에 빠져있는 것과 같습니다.
그 함정에서 나와야 밝아집니다.
주께서 나를 아신 것 같이 알아집니다.

모르는 것을 분명히 드러내야
아는 것이 더 확실히 드러납니다.

분명하고 겸손해야 배워집니다.
용기가 있어야 겸손할 수 있습니다.
시원치 않게 많이 아는 것보다
한 가지라도 분명히 알아야 합니다.

바른 믿음

바른 믿음은
내가 주님을 알고 따르는 것이 아닙니다.
주께서 나를 따르게 하심입니다.
내가 주를 믿는 것이 아니라
주께서 나를 이끄심입니다.

그리스도의 사랑이 이끄심으로 염려 없습니다.
주님이 나에게 열매 맺게 하는 것이고,
내가 맺을 수 없습니다.

제가 믿어진 것은
긍휼 많으신 하나님께서 데려가 주심으로
이 시간까지
그 성호를 부르게 된 것입니다.
제가 원해서 주신 것도 아닙니다.

하나님께서 이만큼 만들어 주셨다고
믿는 믿음이
바른 믿음입니다.
제가 믿으려고 해서 믿은 것이 아니고
믿게 하셔서 믿음입니다.

믿음은 행실로 말미암음이 아니며
부르신 이로 말미암음이니
오직 긍휼히 여기는 하나님으로 말미암습니다.
낳기 전에 결정하셨습니다.
하나님께서 선하신 뜻으로 정하였습니다.

이미 받은 은혜를 간직하기 힘쓰십시오

은혜를 받으려고만 탐내지 말고
이미 받은 은혜를 간직하기 힘쓰십시오.
은혜는 무시로 받지마는
간직 못 해 잊어버립니다.
욕심부리지 말고
잘 간수하기 바랍니다.

자기 할 일 하고 있으면
욕심 안 내도 풍성히 주십니다.
많은 은사,
말로 다 할 수 없는 은혜,
귀하신 사랑
너무 몰라서 허수히 알아버립니다.

범사에 진실만 의지하면
위에서 보호하심으로
아무 염려 없습니다.

적게 갖고 귀중히 여겨 잘 간직하면서 살면
자기를 이기고,
남을 구원하고,
나라와 세계를 구원하는 곧은 길입니다.

귀하게 여기지 않으면 빼앗겨 버립니다.

하나님을 믿으려고 힘써야 합니다

하나님을 믿으려고 힘써야 합니다.
여호와를 아는 지식
싫어하고, 미워하고, 멸시합니다.

믿음은 접붙이는 시간입니다.
나무에서 진액이 와서 과실이 달려 있는 것이고,
과실이 진액을 내서 나무에 달려 있는 것 아닙니다.
진액을 받으려 하지 않고
자기가 커 보려고 합니다.
거만함으로 크려고 힘씁니다.
믿으려고 힘쓰지 않고
자기가 일에 힘씀으로 실패합니다.

참으로 약한 줄 알면 강해집니다.
약해서, 약한 데서
온전히 이루어지는 은혜이십니다.

미련해서 미련한 자를 택하사
지혜 있는 것을 부끄럽게 하는 지혜이십니다.
없어서 없는 것을 택하사
있는 것을 파하시는 하나님이십니다.

의식주 염려 말고,
그 나라,
그 의만 구하여야 합니다.
참으로 예수님을
거짓말 없으신
살아계신 하나님의 아들로 믿어야 합니다.

썩을 양식 위하여 일하지 말고,
영원한 양식 위하여 일하여야 합니다.
진정으로 바치지 않으면 참 생명의 가치를 모릅니다.
몸으로 산 제사 드립시다.

예수 피로 씻어진 정결 행실

행실이 얌전하다고 믿는 것이 아닙니다.
행실만 힘쓰다가 믿음 잊어버립니다.
행실 얌전 가지고 천국 못 들어갑니다.

믿음으로,
예수님 피로 씻어진
정결 행실이라야 합니다.

예수 옷 좋고 많으니
믿기만 하면 그저 얻어 입어집니다.

성령의 인도를 받아야 합니다.
영의 지도 받으려고 힘쓰십시오.
자기 안에 선생이 계시고,
밖에 것이 선생이 아닙니다.

우상을 없이 하십시오.
진정으로 성령의 감동을 소멸치 말고,
성령의 역사로 우상을 무너뜨리십시오.

성령의 탄식에 귀를 기울여 들으소서.
성령의 감동을 소멸치 말게 하옵시고,
깨닫게 하옵시고,
육의 소리에 속지 말게 하옵소서.

세상에서 멸시당하고,
돌로 맞고,
십자가에 홀로 돌아가신
주님만 모시고 따라가게 하옵소서.

죽도록 힘쓸 일

우리 할 일은
마음속 깊이 숨어 있는
죄 쳐낼 일,

죽도록 힘쓸 일은
주님의 우주보다 크신 인자하심을
영원토록 헤아릴 일입니다.

진정한 그리스도의 사랑이
절실히 갈망됩니다.
먼저 그리스도의 사랑이 무엇인가를
알아야 되겠고,
그 한 없으시고 두터운 사랑이
제게 얼마나 풍성히도
날마다 소모되고 있는지를
알아야 합니다.

그리스도의 인자,
그 한 없으신 능력
도무지 헤아리지 못하고
세밀하신 보호,
영원한 사랑,
저에 대한 계획
알지 못했습니다.

무한하신 축복을
끊임없이 내리시는 주님.
미약한 것들
무엇으로 보답하오리까.
성령의 붙드심만 부탁합니다.

4부

가장 위대한 일 / 복종의 길 / 절제의 생활

배추 한 포기라도 / 보혈을 소낙비같이

채소 한 포기 푸르러 있는 것도 / 믿음을 내세웁시다

참 예배 / 예수 피로 만든 예복 / 넉넉한 구원

성령의 인도 / 침시랑 / 가난과 무식과 비천

오직 한 분만 따르게 하옵소서 / 주께서 명령하셔야

자복하게 하소서

가장 위대한 일

하나님의 크신 뜻을 기다리는 것이
가장 위대한 일입니다.

뜻을 어기고 천 리를 달리는 것보다
뜻을 보여주시기까지 고요히 기다리는 것이
위대한 봉사입니다.

자기의 소행을 버리고,
뜻을 순종하려는 마음의 태도를 기뻐하십니다.

자기는 어리고 작지만,
한 등불임을 기억하시고,
그 빛이 꺼질까 항상 조심해야 되므로,
조금이라도 빛에 지장이 있을 것은
제외시켜야 할 것입니다.

말 한마디,
걸음걸이,
서 있는 태도,
이야기 소리,
웃는 모습 전부가
빛에 상관 안 되는 것이 없으니

여러분의 말소리 하나가
전체 빛에 큰 지장을 일으키고,
세계 평화에 큰 파문을 던지는 것이라고
기억하십시오.

저 앞 저수지에
작은 모래알 하나만 던져도
물결이 온 수면에 퍼지는 것처럼

여러분들의 괭이 한 번 들었다 놓는 것,
팔 한 번 내흔드는 것,
호미 자루 놀리는 것이 정성스러울수록
그만큼 평화의 물결을
온 세상에 보내시는 것입니다.

여러분 마음속에서
아무 염려나 수심,
걱정, 불안이 없이
오로지
하늘 아버님만 기억하고 사시는 모습
전부가 그렇습니다.

평화의 천사들로서
지상에 파견 보내온 비둘기 노릇을
잘 감당하시는 것입니다.

여러분은 어리시지만,
하나님 아버지께서
평화 없는 세상에
평화를 보여 주라고 보내신 줄 믿고
사명을 게을리 마시기를 바랍니다.

복종의 길

복종하는 길은
행복스러운 이들이 택하신 길입니다.
마음에 조금의 부족, 불안도 없는 순종,
어린 양과 같은
온순한 심령으로 복종하는 것이
참 행복인 것을 몸소 체험하시기 바랍니다.

자유 않는 일은
참 자유 얻는 방도입니다.
자유 없는 생활,
주를 생각하는 시간!
아,
참 자유와 참 만족,
참 위안이 마음속에 새들어옵니다.

물 한 그릇 자유로 못 마시고,
먹을 것 하나 못 먹고,
입고 싶은 대로 못 입고,
살고 싶은 데서 못 살아보고,
자고 싶은 데서 잠도 제대로 못 자는
부자유,
그를 불러
참 복 받은 이의 참 자유라 하겠습니다.

주님을 기억하시고,
갈 데도 못 가고,
보고 싶은 것, 듣고 싶은 것도
맘대로 못 보고, 못 듣는 생활이야말로
아,
얼마나 참 자유하는 행복의 생활인지요.

절제의 생활

모든 것이 풍부해도
자기는 아무것도 갖지 못한 것처럼
적게 쓰고 아끼는 생활,
그것은 모든 것에 풍부를 부릅니다.

아껴 쓰는 이에게
모든 좋은 것이 넘치도록 쌓입니다.
없는 것이 없고,
부족한 것도 없습니다.

물 한 방울 아껴 쓰고,
나무 한 부럭지도 아껴 떼는
그 모습 그대로가 바로
풍부와 만족과 자족한 생활이 아니고 무엇이겠는지요.
존귀보다 겸손이 먼저 있고,
풍부가 있기 전에 절약이 먼저 있습니다.

시간,
특히 세월을 아껴 써야 하겠습니다.
값없는 세월이라 생각지 마시고
손 한 번 놀리는 것,
발 한걸음 떼어 옮기는 일,
말 한마디를 무심코 하시는 일이 없어야겠습니다.

시간을 헛되이 보내는 사람이
쓸데없는 사람입니다.
말씀 한마디, 생명의 귀한 씨로 받아시 간직하는 것과
무심히 들어 항상 떠돌아다니는 말로 허술히 아는 것과는
영원한 세대를 두고 큰 차이를 나타내는 것입니다.

배추 한 포기라도

노력의 효과를 잘 나타내야 합니다.
자기 하는 일이
다른 이가 한 일보다
훨씬 귀한 가치를 나타내어야 합니다.
사람들은 그것을 보아서 인격을 압니다.

배추 한 포기라도
정성으로 가꾸는 것이
자기 인격을 존중히 여기는 일이 됩니다.
어진 일을 지도하는 데
바로 자기 인격 전부가 반은 됩니다.

기름 종자 하나 잘 가꾸면
허술히 한 것과는 헤아릴 수 없는 차이가 발생합니다.

일평생을 두고
시시각각 크고 작은 일에 정성스럽게 생각한 것과
허술히 생각한 일과의 결과를 종합해 본다면
얼마나 놀랄만한 이치겠는지요.

그 결과가
최후로 그 사람의 일생을 결산 지을 것이니,
큰 사명을 띠고,
어디 가시는 데나
무엇을 하시든가
무슨 말씀이든
예사로이 하시는 일이 없도록
극히 주의하시어
유효한 인격을
빛내시기 바랍니다.

보혈을 소낙비같이

사람들의 부패한 심정,
무엇으로 고칠까요.
아무리 은총을 내려부으셔도
그대로 썩고만 있습니다.

오늘도 보혈을
소낙비같이 퍼부으시건만,
그 피 한 방울이라도 세례받은 심령이
있는지 없는지 실로 알 수 없습니다.

그 공로 찬송하시려
만세 전부터 택하시고,
붙드시고,
길러 오시건만,
사랑을 받으려만 하고
보답하지 않는 심정입니다.

부족해서 원망만 하고,
한가지 은혜에라도 감격해서 살아나지를 않습니다.

오늘도 만 가지 은총을
더 베풀고 계시건만,
그중 한 가지에 감격해서
울음으로 사례하시는 이가
실로 몇 분이나 되십니까.

주님은 오늘도 보혈을
소낙비같이 퍼부으십니다.
오늘도 만 가지 은총을
우리에게 베푸십니다.

채소 한 포기 푸르러 있는 것도

채소 한 포기 푸르러 있는 것도
다 하나님의 인자하심과 지혜로 자란 것이고,
사람이 한 것은 허사뿐입니다.
은혜로 땅의 소산을 얻을 것이고,
욕심과 시기로, 억지로 빼앗듯이는 안 됩니다.

지금 채소가 푸르러 있는 것은 오로지
은혜의 비의 은택이고,
저희의 수고를 불쌍히 여기심이고,
절대로 저희의 지혜나 기술이 나타낸 공효가 아닙니다.

일 해 놓은 후에
조금도 되는 것 같지 않아
한탄하고, 애타고, 낙망했어도
며칠 후에 가 보면 놀랍게도 생각밖에 자라고 있으니
은혜라 아니 할 수가 없습니다.

위에서 키우셨다고만 믿어지고
감사가 나옵니다.

농사는 기도요, 자복입니다.
농사는 감사와 제사로 됩니다.

우리에게서 저주를 거두시고,
축복으로 보호하시는
크신 아버지께 영광과 찬송이 되도록
기도와 자복과 감사와
영광을 돌리는 것이
우리의 의무입니다.

어디를 가나
무엇을 하든지
하늘 아버지의 생존하심과 엄위하심,
인자하심을 드러내려고 힘쓰고 소원하는 것입니다.

믿음을 내세웁시다

속에 것 고쳐야지요.
겉모양 얌전한 것 보고
믿음으로 알아서는 잘못입니다.

겉모양만 단장하느라 거짓이 됩니다.
겉모양 얌전으로는 구원 못 받습니다.

속 변화가 생겨야 되지요.
불과 성령으로 거듭나야 합니다.
완전히 한 번 죽고
그리스도로 다시 삶을 얻어야 합니다.

행실을 내세우지 마시고
믿음을 내세웁시다.
금식이 믿음 아닙니다.
믿음은 행위 아니어요.
행위로는 구원 못 얻습니다.
행함만 힘쓰면 헛수고입니다.

그러므로 하나가 참으로 회개하면
천군 천사가 큰소리로 노래를 하지요.
천지 만물도 우쭐서리고요.
한 사람이 회개만 하면
분명히 세계도 밝아집니다.

참 예배

하나님 앞에 참 예배는
영이 참으로 드릴 것이고,
의식과 거짓으로 드릴 것이 아닙니다.
얌전 꾸미느라고
겉모양 조심만 하시고
성령의 인도하심은 따라가지 않으신가요?

행실이 얌전하다고
믿는 것이 아닙니다.
행실이 나쁘다고
안 믿는 것도 아니어요.
행실만 힘쓰다가
믿음은 잊어버립니다.
행실 얌전한 것 보고 믿음이라 하지만,
그 얌전으로는 천국 가서 내놓을 수 없습니다.

믿음으로,
예수님 피로 씻긴
흠 없는 청결한 행실이라야 가는 것입니다.
곧 영으로 거듭난 이라야 합니다.
육의 얌전 그대로는 부끄러워 못 내놓습니다.

그러기에
성령의 지도 받으시라는 것이고,
사람 조심한 것으로는 도저히
그 앞에 부끄러워 못 섭니다.

예수 피로 만든 예복

> 임금이 손님들을 보러 들어올새 거기서 예복을 입지 않은 한 사람을 보고 이르되 친구여 어찌하여 예복을 입지 않고 여기 들어왔느냐 하니 그가 아무 말도 못 하거늘 임금이 사환들에게 말하되 그 손발을 묶어 바깥 어두운 데에 내던지라 거기서 슬피 울며 이를 갈게 되리라 하니라 마 22:11-13

예복 입은 이가 적다는 말씀입니다.
예수 피로 만든 예복을 안 입었습니다.
서기관과 바리새인보다도
더 나은 의를 입은 이 적다는 말씀입니다.

자기 옷을 더 좋게 여겨
그 예복 받아 입을 필요 느끼지 않았습니다.
자기 행실 깨끗하니
예수 행실 얻어 입을 필요 없다고 생각했습니다.
이런 사람은 혼인 잔치에 있을 수 없습니다.
부끄러워서 어두운 밖으로 쫓겨나갔습니다.

행실 나쁜 이도 부끄러울 것 없어요.
그것은 버릴 것이니 벗어 버리면 그만이에요.
예수 옷 많고 좋으니
믿기만 하면 그저 얻어 입어집니다.
벗어버릴 옷,
더럽거나 낡아졌거나 상관없습니다.
예수님 예복만 입어버리면
그런 것 아무도 기억 안 해요.
아브라함도 실수가 많았고, 야곱도 죄인이었습니다.
믿음으로 의로워졌습니다.
의인들 다 그렇습니다.
처음은 누구나 다 같이 나쁜 이들이어요.

행실만 고치려 힘쓰지 마시고,
믿기를 힘쓰기 바랍니다.
영의 지도 받으시기 바랍니다.

과장이 없게 하여 주시옵소서.
참 진실케 하여 주시옵소서.
허위가 없게 하옵시고,
가식이 없게 하여 주시옵소서.
제가 무엇을 세우지 못하게 하옵시고,
제 힘으로 하지 않게 하옵소서.

저를 이기게 하여 주시옵소서.
제가 이길 수 없사오나
주님이 이겨 주시옵소서.
오직 아버지의 목적이
하나님 아버지의 뜻대로,
정하신 방법에 의해서
성취될 것으로만 믿게 하옵소서.

넉넉한 구원

우리 구주께서는
우리를 구원하시는 데 경험이 많으십니다.
천사들 넉넉히 준비하시고,
기름 성령 넉넉히 준비해 보내셨으니
우리를 구원하시는 데 못 하실 리 없습니다.

가다가 어려운 일 만나도
낙심도 걱정도 없습니다.
주를 섬기는 중에
어떠한 일도 즐거움으로 할 수 있습니다.
힘주신 만큼 사랑으로 하는 일이어서
아무 걱정도 낙심도 없습니다.
저를 택하신 이는 미쁘시기 때문입니다.
제가 믿을려고 해서 믿은 것 아니고,
믿게 하셔서 믿어지기 때문입니다.

성령의 인도

성령으로 예배한 예배가 참 예배입니다.
성령의 감동하심을 따라 사는 이가
참 하나님 아들이고,
참 자중하는 이입니다.

성령의 감동하심을 기뻐하는 것이
참 기쁨입니다.
하나님은 우리에게 기쁘게 살기를 요구하십니다.
성령으로 기뻐 찬송을 부르라고 하십니다.
기쁘게 사는 것을 보기 좋아하십니다.

성령이 완전하신 우리의 인도자시고,
지도자시며,
선생이시고,
보호자이심을
굳게 믿으시기 원합니다.

<u>스스로</u> 선생이라고는
조금도 생각 마시기 바랍니다.
이 우상,
성령으로 무너지기까지 무너뜨려져야
하나님의 은총이 뚜렷이 드러납니다.

성령의 감화하심을
소멸치 말게 하옵소서.
성령의 감동하심을
깨닫게 하옵소서.
육의 소리에
속지 말게 하옵소서.
성령의 감동하심을
분간하게 하옵소서.

참사랑

참사랑은 주려는 것입니다.
받으려는 것은 미움입니다.

각자가 사랑 없다는 탓을 하나
주려는 사랑 없어 걱정한 것 아니고,
받을 사랑 없다는 말뿐입니다.

진정한 사랑을 눈곱만치도 몰랐습니다.
사랑은 줄 때에 만족하고,
받을 때에는 씁니다.
그것을 모르니 받으려고만 합니다.

주지 않으면
평안이 없고,
평안을 맛보지 못합니다.

주려 하지는 않고,
받으려만 하는 데는
만족도, 평안도, 안위도 없습니다.

주님의 사랑의 극치는
사랑을 달라 하시는 것입니다.
이것이 우리를 가장 사랑하시는 형상입니다.

바칠 때에
비로소 사랑을 알고
사랑의 가치를 알고
사랑에 감격할 줄 압니다.

그리스도께 받은 사랑은
받고자 하는 마음이 아니고
베풀려는 마음뿐입니다.

가난과 무식과 비천

가난과 무식과 비천은
이 세상 지상에서는
쓰레기보다 더 천하게 못 쓸 것으로 여기나
이같이 빛나는 보배들이 없으니
한탄하시지 말고 잘 간수하셔서
빼앗기지 마시기 바랍니다.

빼앗기고 보면
한 그릇 음식을 탐해
장자의 직분을 판 것보다 못하지 않게
원통하고, 절통하고, 후회되고,
부끄러움을 씻을 길이 없을까 하여 권하는 바이니
행여 잊지 마시기 바랍니다.

극히 조심해서
가난과 무식과 천대를

달게 은혜스럽게
감사하게 걸머지고 나아가심 바랍니다.
거룩한 길입니다.
천사들이 기뻐하고,
찬송하고, 환영하고, 존경하는 길입니다.

사람들의 무시와 몰라줌을
원통히 여기지 마시고,
손해라 생각지 마시기 바랍니다.
몰라주고 멸시하기 때문에
우리의 것이 되었고,
안전한 길이 된다는 것을 깊이 명심하십시오.

참 목자가
오늘도 우리의 이름을 부르고 계시니
그 음성 듣고 따라 나가면
우리 심령,
마르지 않는 푸른 풀밭,
맑은 시냇가로 인도함 받을 것이니
목자의 소리에 귀 기울이시기 바랍니다.

오직 한 분만 따르게 하옵소서

전 인류의 미움을 받으면서,
전 인류를 사랑하다가
전 인류의 배척에 죽으시면서,
전 인류를 축복하시고 구원하신 주여!

주님만 높이게 하여 주시옵소서.
오직 한 분만 따르게 하옵소서.
전 인류에게 배척을 당하면서
전 인류를 사랑하신 이를 사랑하게 하옵소서.
변질되지 않게 하옵소서.
미혹되지 말게 하옵소서.

죄가 있어도
하나님께서는 사랑하십니다.
고치려는 마음이 간절하면
버리지 않으십니다.

죄를 사랑하시는 것이 아닙니다.
죄란 하나님을 그릇 알도록 하고,
하나님을 대적하는 일이기 때문에
죄를 좋아하실 리 만무합니다.
죄는 하나님을 거역하는 행위입니다.
죄를 사랑하시는 것이 아닙니다.
원수를 사랑하십니다.

하나님을 바로 알고,
바로 우러러 뵈옵고,
바로 믿을 때에
양심이 맑아집니다.
죄가 무엇이며,
의가 무엇인지
똑똑하게 분명해집니다.

주께서 명령하셔야

회개 주심 받아야 합니다.
원하는 마음 있으나
이루지 못합니다.
자기가 하지 못합니다.

참 회개는 주께서 명령하셔야 합니다.
우리 힘, 내 힘으로는
아무 일도 못 합니다.
제 속에 도적, 탐심, 우상을
제 힘으로 못 몰아냅니다.
자기가 원하고 힘써서는
죄를 끊지 못합니다.

위에서 명령하셔야
죄가 물러갈 줄로 힘써 알아야 합니다.
힘써 주 안에 있어야 될 줄로 깨달아야 합니다.

자기가 죄를 고쳐 거룩함에 이르고,
자기가 선한 열매를 맺으려는 생각은
헛수고뿐입니다.

예수께 접붙여야 선한 과실 맺고
그 계명인 사랑도 할 수 있습니다.
접붙였으나 과실 맺지 않으면
죽은 가지입니다.

알려고 힘써야겠습니다.
예수님 멍에를 메고 배워야 합니다.
온유하고 겸손한 멍에입니다.
힘써 순종하려고 힘쓰면
알려주십니다.

자복하게 하소서

주여,
하루에 일흔 번씩
일곱 번이라도
자복하게 하소서.

죄 닦음 바라오니
죄 씻어 주소서.
중병을 주소서.
죄만 없애 주심 빕니다.

제 갈 길 가르쳐 보여 주소서.
주목하시사 훈계해 주시옵소서.

주님을 기뻐하고 즐거워하게 하옵소서.
즐겁게 외치게 하소서.
허물 사함을 얻고
죄가 미움을 받게 하옵소서.

부록

동광원 성가

에필로그

주님 가신 곳

이현필 작사

1.
주님 가신 길이라면
태산준령 험치 않소
방울방울 땀방울만
보고 따라 가오리다

2.
주님 가신 길이라면
가시밭도 싫지 않소
방울방울 피방울만
보고 따라 가오리다

3.
주님 계신 곳이라면
바다 끝도 멀지 않소
물결물결 헤엄쳐서
건너가서 뵈오리다

4.
주님 계신 곳이라면
하늘 끝도 높지 않소
믿음 날개 훨훨 쳐서
올라가서 뵈오리다

오 수 예수 주님이여
천한 맘에 오시오며
밝히 갈쳐 주옵시기
굻어 업더 비나이다

거칠지만 풋풋한 영성을 추구한
한국의 프란시스, 이현필 1913.1.28-1964.3.18

번영과 위기의 시대에 느끼는 영적 목마름

잠시도 지치지 않고 영원히 성장할 것 같았던 한국교회가 21세기 들어 주춤거리고 있다. 한국사회의 경제적 팽창과 삶의 양태가 변한 것도 있지만, 건축과 온갖 프로그램, 돈과 권력, 세습에 함몰된 채로 내적인 성장과 쇄신을 놓쳐 버린 한국교회 자체가 이러한 결과를 야기한 측면이 있다. 흔히 말하는 '맘몬, 권력, 핏줄 이데올로기'에 더해진 도덕적 불감증은 기독교가 사회의 상식과 중심축에서 더욱 멀어지게 만들었다. 적지 않은 이들이 현재 한국기독교의 운영체계나 의식으로는 이 시대에 걸맞는 종교적 리더십을 제공할 수 없다고 생각한다. 외양에 대한 치중과 인습화된 신앙행태가 싫다고 신앙의 본질과 예수에 대한 신앙마저

떠날 수 없는 이들은 예수처럼 살다 간 역사 속의 영적인 지도자들과 신앙의 본보기들을 찾아 나선다. 물질적 번영과 영적 위기를 타개할 영적 목마름과 갈구가 과거를 되돌아보고, 성경을 다시 보게 만든다.

이현필, 한국의 프란시스

손양원, 엘리자베스 쉐핑, 문준경, 스코필드, 손정도…. 최근 많은 기독교인들이 신앙의 사표로 주목하는 이름들이다. 이 중에서 맨발로 지리산의 눈길을 걸으며 제자들을 돌보았던, 예수처럼 살고자 몸부림친 이현필 선생을 사람들은 '맨발의 성자'요, '한국의 프란시스'라 부른다.

어떻게 해야 예수를 제대로, 진짜로 믿는 것일까?
우리 신앙인은 어떻게 살아야 할 것인가?
사막의 수도사처럼 '복음듣기'가 아닌 '복음살이'를 어떻게 실천해 낼 수 있을까?
우리에게 참된 영적인 스승과 모델을 어디에서 찾을 수 있을까?

이현필의 삶은 예나 지금이나 이런 영적 구도자들에게 소중한 울림을 준다. 이현필의 삶과 핵심 가르침, 그의 저작 전반과 글의 특징에 대하여는 2014년 간행한 《풍요의 시대에 다시 찾는 영적 스승 이현필》(한국기독교지도자작품선집KCLS Vol. 15)에 비교적 자세하게 나와 있다. 이 에필로그는 우리의 영성선집을 좀 더 깊이 이해하도록 이현필이 누구인가를 간략히 설명하는 데 주요 목적이 있다.

화순 도암, 영산포 경험, 그리고 기독교 입문

이현필은 1913년 1월 28일 전남 화순군 도암면 용하리에서 태어났다. 다섯 식구가 근근이 살아가던 상황에서 아버지가 사업에 실패하자 이현필은 보통학교를 4학년까지만 다녀야 했다. 생계를 위해 영산포에서 닭장사를 비롯한 생활전선에 뛰어든 그는 1925년 12살의 어린 나이에 예수를 만났다. 우치무라 간조(內村鑑三)를 추종하던 전도인을 통해 예수를 만난 그는 십 대 초반에 주일학교교사로 섬길 정도로 열심이었다.

그가 14살 때 만난 천태산의 도인 이세종은 그에게 평생 스승의 역할을 했다. "빈 껍데기"를 뜻하는 이공(李空)이란 이름을 가진 이세종은 화순에서 "사람들에게 어울리는 신앙이 되어선 못쓴다."고 가르치며, 30년의 나이 차이에도

불구하고 이현필의 신앙의 얼개를 형성하는 데 큰 영향을 끼쳤다. 이후 최홍종, 강순명, 애비슨(Gordon W. Avison), 백춘성과 교류하며 광주에서 전도사로 활동하고, 광주농업실수학교에서 공부하기도 했다.

서울에서 지기들을 만나고

서울로 올라온 이현필은 2년 어간 YMCA기숙사에서 지내며 영어를 공부하는 한편 시대를 읽어내는 훈련을 했다. 또한 평생 동지가 된 풀무원의 설립자 원경선, 서울YMCA의 현동완 총무, 다석 유영모 등을 만났다. 후에 정기적으로 남원에 내려와 성경강의를 한 유영모와의 깊은 교류는 이때부터 시작되었다. 아현교회 '거지목사' 김현봉은 이현필에게 신앙인과 종교지도자가 어떻게 살아가야 하는지에 대하여 깊은 감명을 주었다. 시대가 힘들었지만, '작은 성자'들은 시대를 영적으로 떠받치는 지주대 역할을 했다. 사람들은 보통 크기와 숫자에 열광하지만, 세상을 움직이는 것은 삶으로 생명을 담보해내는 작은 성자들의 힘이다.

'죄인 됨의 의식' - 화순, 남원, 광주의 영적 보금자리

스승 이세종의 독신에 대한 조언과 달리 이현필은 1938년 광주에서 황홍윤과 결혼을 하고 화순 도암면에 자리를 잡았다. 그러나 3년 후 아내가 자궁외임신으로 극한 어려움을 겪고서야 아내와 결혼을 무효화하는 '해혼'(解婚)을 선언했다. 이후 2년 어간을 도암면 문바위에서의 영성훈련을 통해 '죄인 됨의 의식'을 다지면서 본격적인 영적 지도자로 탈바꿈하였다.

이현필은 30세가 되던 1943년부터 남원 삼일목공소에서 성경강해를 시작하며 영적 지도자로 우뚝 서 갔다. 남원을 중심으로 이름 없는 공동체를 만들어 움막을 짓고 농사를 지으며 성경공부와 수도생활을 했다. 참된 신앙을 갈구하던 이들이 이현필을 따랐고, 이들은 영적인 위안과 함께 시대를 억누르던 일제신사참배를 피할 수 있었다.

1948년에 터를 광주 방림동으로 옮긴 이현필과 그를 따르는 이들은 1950년 1월에 '동방의 햇빛으로 빛나는 동산'을 뜻하는 동광원을 설립하고 고아와 걸인과 환자들을 돌보기 시작했다. '하나님께 돌아가 하나 되어 사는 공동체'를 뜻하는 귀일원 역시 벙어리 수도를 하던 이현필이 "곧 나가서 광주역을 배회하는 사람들을 데려다 따뜻하게 대접하고 하룻밤을 재워 보내는 운동을 하시오."라는 가르침을 광주YMCA 총무 정인세에게 주면서 시작되었다. 귀일원은 이현필 사후인 1965년 사회복지법인으로 전환되었고, 수도 공동체인 '기독교동광원수도회'는 1980년에 남원 대산면 운교리에 자리를 잡았다.

"아, 사랑으로 모여서 사랑으로 지내다가 사랑으로 헤어지자"

결핵 환자를 돌보다 속립성 결핵에 걸린 이현필은 병으로 고생이 많았다. 그는 평생 자신의 육신을 돌볼 겨를 없이 수많은 질병에 노출되어 살아왔다. 1964년 1월, 자신의 마지막을 직감한 그는 퇴원하여 공동체의 총회를 열고 한 끼에 1원을 모아 작은 선행을 행하자는 소위 '1작 운동'을 제안했다. 누구나 마음만 먹으면 할 수 있는 작은 선행이 곧 성경에 나오는 소자에게 물 한잔을 떠 주는 일이며, 이 운동이 한국을 자주국가로 만들고 세계 평화를 이끌 것이라 믿었다. 서울 한복판 종로거리에서 청결한 삶과 가난한 삶을 외치며 죽고 싶다던 이현필은 서울로 올라왔고, 1964년 3월 18일 새벽 3시경, 그의 나이 51세에 다른 세상으로 여행을 떠났다. "제가 먼저 갑니다. 다음에들 오시오. 오 기쁘다." 이현필이 남긴 마지막 말이었다.

소명감과 열정으로 끝까지 예수를 따른 이현필

대단히 명석한 천재도, 명필가도 아닌 이현필. 그가 살던 시대와 사후 60년이 넘도록 뭇 사람들의 마음을 사로잡은 힘은 어디에서 나왔을까? 그를 따르는 이들의 한결같은 겸손한 예의, 엄격한 남녀 간의 순결, 늘 무릎을 꿇고 질서 있게 앉는 모습, 독실한 신앙과 이웃사랑, 사람을 감동시키는 영혼의 노래는 도대체 이현필의 어떤 면모와 영성의 자태에서 발현된 것일까? 아마 그것은 동광원의 핵심 가치로 지금까지 자리한 순결, 청빈, 순명, 깨끗한 사랑과 교제, 자급자족의 노동과 봉사라는 정신과 삶 때문일 것이다.

독신: "육체가 낮아지면 낮아질수록 영혼의 기쁨이 말할 수 없이 커집니다"(김금남)

청빈: "배부르고 등 따뜻하면 영성은 죽는다"(이현필)

순명: "하나님마저 이기려는 것이 사람 마음이다."(이현필)

이 책의 구성

이현필이 직접 남긴 글들과 제자들이 반복해서 등사한 대부분의 자료들은 현재 남원 동광원에 보관되어 있다. 낱장으로 된 자료 외에 대부분의 작품은 대학노트 크기에 펜이나 연필로 적은 글들이다. 노트마다 동광원에서 "등록", 혹은 "관리"라는 이름을 붙여 자료에 번호를 매겨 두었다. 키아츠가 이 자료들을 접한 과정은 앞에서 언급한 책에 자세하게 나와 있다.

'키아츠 영성선집'으로 새롭게 출간한 이번 책은 독자들이 쉽게 읽을 수 있는 시집 형태로 편집하였다. 특별히 이현필의 글 중에서 〈수상편지〉, 〈제자훈련〉, 〈제자훈련 완덕의 길〉, 〈설교필사본 1〉, 〈설교필사본 2〉의 글을 선별해 수록하였다.

예를 들어, 〈수상편지〉[등록 6, 관리 1-8]에는 겸손함과 회개를 강조하며 가난과 고난을 찬양하는 글이 반복되며, 〈설교필사본 1〉[노트 20, 3-1(1968)]과 〈설교필사본 2〉[노트 21, 3-2(1968)]에는 팔복과 삭개오 이야기 등 성경을 풀이한 내용이 수록되어 있다. 복음서의 말씀과 관련된 글이 많은 편이고, 특별히 인격완성의 필요성과 기쁨을 강조하고 있다.

〈제자훈련 완덕의 길〉[등록 26, 관리 6-6]에서는 '자신의 행실, 겉모양에만 힘쓸 것이 아니라 하나님을 바로 알고, 바른 믿음을 가지고 성령의 인도함을 받으며 살아가라.'는 메시지가 반복된다. 또한 '물속에 잠기듯 그리스도의 사랑에 잠겨야 한다.'고 권면하면서 참 사랑은 자신을 내어

주는 것임을 역설하고 있다. 이밖에도 회개와 자복에 대한 글, 농사를 지으면서 느낀 교훈, 일을 할 때 주의할 점 등 다양한 가르침이 들어 있다. 〈제자훈련〉[등록 22, 관리 6-2(1970)]에는 정절의 귀중함과 그리스도와의 일치를 위한 수단으로써의 정절의 의미를 설명하는 글들이 많다. 〈제자훈련〉, 〈제자훈련 완덕의 길〉의 중간에 성경 말씀이 인용된 것으로 보아 이현필의 가르침과 글이 성경에 기초한 가르침임을 알 수 있다.

다시 타는 목마름으로

인생이라는 강물도 시간이 지나면 유유히 흘러가고 시들지만, 하나님의 사랑과 말씀은 영원하다. 비록 현재 한국 교회의 모습이 건물과 권력과 돈과 폼 잡는 외식으로 가득 차 있는 것처럼 보일지라도 이현필 같은 작은 영성가들이 이 시대를 지탱하고 있다. 우리는 그와 같은 참된 예수쟁이들이 시대가 지나도 여전히 이 땅 곳곳에서 솟아나길 기대한다. 이 시대에 오히려 새로운 주류가 되어 버릴 수 있는 '영적 가나안들'이나 매주 교회에 나가면서도 끝없이 타오르는 영적 목마름을 느끼는 성도들에게 이 작은 책이 참된 오아시스가 되길 소망해 본다.

그러한 염원을 담아 쉽지 않은 이현필의 글을 조금은 읽기 쉽게 만들어 보았다. 이 책을 매개로 우리가 2014년에 편찬한 《풍요의 시대에 다시 찾는 영적 스승 이현필》도 접하고, 그의 영적 흔적이 진하게 남아있는 화순과 남원과 광주와 벽제에도 한번 찾아 떠나 보았으면 한다.

김재현, 키아츠 원장
화천의 농부신학자